Léo Koesten

Le tableau

Ernst Klett Verlag
Stuttgart · Leipzig

[redacted]

1. Auflage 1 5 4 3 2 1 | 2013 12 11 10 09

Alle Drucke dieser Auflage sind unverändert und können im Unterricht nebeneinander verwendet werden. Die letzte Zahl bezeichnet das Jahr des Druckes.

Internetadresse: www.klett.de

Umschlag: Jani Spennhoff, Barcelona
Illustrationen: Jani Spennhoff, Barcelona
Druck: Medienhaus Plump GmbH, Rheinbreitbach

Printed in Germany.
ISBN 978-3-12-523033-0

Table des matières

Avant la lecture

1 La couverture *(Umschlag)*
La couverture montre un tableau *(Gemälde)* ; c'est le titre de l'histoire que vous allez lire.
a) Décrivez *(beschreibt)* le tableau :
Qu'est-ce que vous voyez ?
b) La couverture raconte une histoire : Laquelle ?
Imaginez.

2 La table des matières *(Inhaltsverzeichnis)*
a) Combien de chapitres *(Kapitel)* est-ce qu'il y a dans ce livre ?
b) Lisez les titres de chapitre et pour chaque titre, imaginez une petite histoire. Vous pouvez travailler à deux.

3 Conseils *(Ratschläge)*
Et puis maintenant, nous ne vous posons plus de questions ! Arrêtez la télé et la radio. Fermez la porte de votre chambre : votre petit frère ou votre grande sœur ne doit pas vous déranger pendant que vous lisez.
Si vous ne comprenez pas chaque mot, ce n'est pas grave : il est avant tout *(vor allem)* important de comprendre le fil *(Faden)* de l'histoire.
Mais si vous voulez tout comprendre, il vous faudra alors lire une deuxième fois le même chapitre.

Bonne lecture !

Chapitre 1 Maman est en retard

Aujourd'hui, j'ai un peu plus de 16 ans. Et je vais vous raconter ma vie. Déjà ? Oui, déjà ! Et ma vie, elle commence quand j'avais six ans. Question : Est-ce qu'à mon âge, on a des souvenirs de quand on était petit ? Oui et non. Mais moi, il y a un moment dans ma vie que je ne peux pas oublier. Que le petit garçon que j'étais ne peut pas oublier. Auquel l'ado que je suis pense tous les jours.

J'avais six ans. Et c'était un jour comme les autres : j'étais dans ma chambre et je jouais. Il y avait des jouets partout dans ma chambre. C'était mon ordre à moi que mes parents appelaient « désordre ». Mon père préparait le repas. Il était sept heures du soir. Et maman n'était toujours pas là. Jamais, normalement, elle ne rentrait si tard à la maison. Ou alors, elle téléphonait. Mais là, elle ne rentrait pas. Elle ne téléphonait pas. Je me demandais : « Est-ce que son portable ne marche plus ? » Ou encore : « Est-ce que son chef lui a donné trop de travail ? »

Ce jour-là, j'en ai encore le souvenir, ça sentait super bon dans la cuisine. Papa ne faisait pas souvent la cuisine, mais quand il s'y mettait, c'était un vrai chef. Bon, d'accord, ensuite, il y avait de la vaisselle partout : des couteaux partout, des casseroles l'une sur l'autre, sur la table et sur les chaises. Et Thémis (c'est le nom de ma chienne), sa langue dehors, léchait les casseroles qui se trouvaient sur les chaises. Quand elle léchait les casseroles, elle faisait des petits bruits marrants. Aujourd'hui encore, elle fait tout plein de petits bruits marrants quand elle finit mes repas.

---

7 **un,e ado** ein(e) Heranwachsende(r) – 9 **un jouet** ein Spielzeug – 10 **l'ordre** *(m.) (hier)* die Ordnung – 11 **le désordre** ≠ l'ordre – 18 **ce jour-là** an diesem Tag – 18 **sentir** riechen – 20 **se mettre à qc** mit etwas anfangen – 22 **une casserole** ein Topf – 24 **une langue** eine Zunge – 24 **lécher** ablecken

Oui. Je lui donne souvent à manger ce que je ne peux pas finir. Je sais que ce n'est pas bien. Thémis, c'était ma meilleure copine. Aujourd'hui, j'en ai trois : Thémis, Guillaume et Gwenaëlle.

Donc, je commençais à avoir faim. Alors, je suis entré dans la cuisine.
– Sors tout de suite de ma cuisine !
– C'est aussi « ma » cuisine…
– ALEX, SORS DE LÀ !!
– Pourquoi tu cries ?
– Je ne crie pas !
– J'ai faim.
– Ce n'est pas prêt. Et maman n'est pas encore rentrée.
– Pourquoi tu cries ? J'ai fait quelque chose de mal ?
– Va jouer dans ta chambre.
– Je ne trouve plus mon livre « Jojo, le gentil fantôme »…
– « Jojo, quoi ? » a dit mon papa.
Des fois, les papas ne comprennent pas ce que leurs enfants leur disent. Alors, j'ai expliqué :
– Tu sais bien, mon livre préféré.
– Fais de l'ordre dans ta chambre, et tu trouveras « Jojo, je ne sais quoi »…
– « Jojo, le gentil fantôme » !
– Les fantômes, c'est jamais gentil.
– T'as pas lu mon livre, alors tu peux pas dire. Et puis, Jojo, c'est un très, très gentil fantôme.
Là, mon papa, il a plus voulu discuter. Il savait bien que j'avais raison. Alors il a dit :
– Il y a beaucoup de désordre dans ta chambre…
– Dans ta cuisine aussi, il y a beaucoup de désordre.
– Oui. Mais moi, je retrouve tout !

---

16 **un fantôme** ein Gespenst

Thémis a alors fait tomber par terre toutes les casseroles : c'est vrai que c'est plus pratique pour les lécher. Avec sa langue, ma chienne faisait la vaisselle. Elle était super contente. Et moi aussi.
Mais pas mon papa.

C'est marrant parce que quand maman fait la cuisine, elle, elle ne crie pas. Elle, elle n'est pas rouge. Elle, elle chante pendant qu'elle cuisine !

Plus tard, moi aussi, je chanterai… Mais, pour le moment, les casseroles étaient par terre…

2 **pratique** praktisch

Papa est devenu tout rouge. Déjà qu'il était rouge à cause de son travail dans la cuisine. Là, il m'a montré la porte de la cuisine. Et il a dit : « DEHORS » !

J'ai appelé Thémis. Et elle est montée avec moi dans ma chambre. J'étais un peu triste parce que je n'aimais pas quand mon papa n'était pas content.

Thémis s'est nettoyé le museau contre la couverture de mon lit, puis elle s'est mise sur le dos, ce qui veut dire : « Caresse-moi le ventre, s'il te plaît ! » Ce que j'ai fait, bien sûr.

Puis le téléphone a sonné. Papa a dit un gros mot : quand il prépare le repas, il n'a jamais le temps de répondre au téléphone. Mais, ce jour-là, le téléphone a sonné, sonné, sonné… Papa a pris le téléphone et il a dit très fort : « ALLÔ ! »

Puis il n'a plus rien dit du tout.

Il a laissé tomber le téléphone.

Il s'est mis à pleurer, pleurer, pleurer.

Il est monté dans ma chambre. Il pleurait toujours.

– Maman… a… eu un… accident. Elle est…

– Tu sais, Jojo, il est gentil : il peut réparer les mamans…

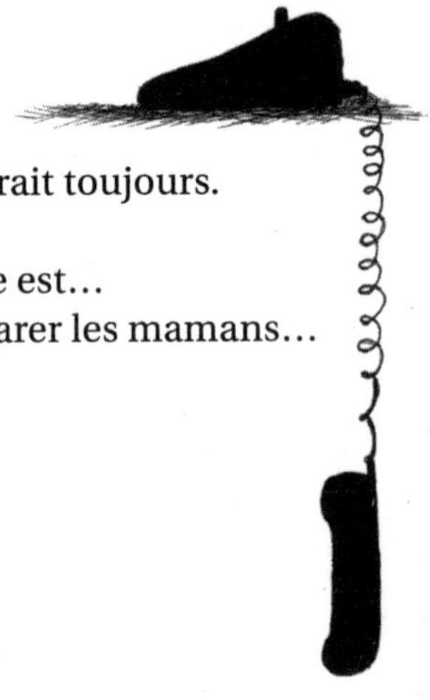

7 **nettoyer** putzen, sauber machen – 7 un **museau** eine Schnauze – 7 **une couverture** eine Decke – 8 **le dos** der Rücken – 9 **caresser** streicheln – 11 **un gros mot** ein Schimpfwort – 14 **fort** *(hier)* laut – 21 **réparer** reparieren

Chapitre 2 La copine de papa

Quand j'ai eu dix ans, papa est rentré un jour à la maison avec une dame qui n'était pas ma maman. Elle m'a dit : « Bonjour, Alex ! »
Moi, je lui ai répondu : « Bonjour, madame ! ».
– Appelle-moi Sophie, d'accord, petit Alex ? Sophie, c'est mon prénom…
– Oui, madame.
Là, elle a regardé mon papa. Elle n'avait pas l'air contente.
– Elle s'appelle Sophie, Alex. Elle va venir souvent à la maison. Alors, qu'est-ce que tu en penses ?

Je ne disais rien.
– Il est timide, c'est normal. Hein, mon gentil petit Alex ?
Mais non. Je ne suis pas timide. Je ne suis pas petit. Pas gentil, non plus. Mais la dame, moi, je ne la connaissais pas. Et puis, elle était vieille comme papa. Alors, c'est un peu difficile d'appeler une vieille que tu ne connais pas par son prénom.
Alors j'ai dit :
– Viens, Thémis, on monte dans ma chambre !
Mais je n'ai pas fermé la porte de ma chambre. Je voulais écouter ce que mon papa disait à la vieille dame, et ce que la vieille dame racontait à mon papa. D'abord, ils n'ont rien dit. J'ai entendu comme des bruits de bises. Puis ils se sont mis à parler si doucement que je n'ai rien entendu. Alors j'ai posé ma tête sur le ventre de Thémis, et j'ai pleuré.

– Alex, mon chéri, tu viens, s'il te plaît ? Le repas est prêt !

---

6 **un prénom** ein Vorname – 25 **doucement** leise – 27 **un chéri/une chérie** ein Schatz timide - schüchtern
enbarrassé - verlegen

Mais je n'avais pas faim. Je n'avais pas envie de descendre. Et puis, surtout, je ne voulais pas parler à cette Sophie. Je ne voulais pas répondre à ses questions.

Papa est monté dans ma chambre et nous avons parlé :

– Je t'ai appelé. Tu n'as pas entendu ?
– J'ai pas faim.
– Viens quand même ! Sophie et moi, on sera contents !
– C'est qui, cette Sophie ?

Alors, là, il a eu l'air embêté.

– Euh…
– C'est ta nouvelle copine ?
– Oui…
– Je ne l'aime pas.
– Tu ne peux pas savoir : tu ne lui as pas parlé.
– Maman était beaucoup plus jolie.
– Je n'oublierai jamais ta maman.
– Alors qu'est-ce que tu fais avec cette vieille dame ?
– Elle n'est pas vieille. Elle a le même âge que moi.
– C'est bien ce que je dis : elle est vieille !

Puis j'ai pensé : « Ne fais pas d'histoires ! Descends ! Et mange avec eux ! »

J'ai appelé Thémis, et on est allés dans la salle à manger.

Sophie n'a pas réussi son examen d'entrée, parce qu'elle a tout de suite critiqué ma chienne. Quand j'ai pris place à table, avec Thémis à mes pieds, elle a dit :

– Tu sais, un chien, quand on mange, ce n'est pas très propre !

Alors j'ai répondu :

– Thémis est très, très propre, parce qu'elle se nettoie toujours le museau contre la couverture de mon lit.

---

7 **quand même** trotzdem – 9 **embêté**,e verlegen – 23 **réussir qc** etw. gelingt jdm – 23 **un examen** [ɛ̃nɛgzamɛ̃] eine Prüfung – 27 **propre** sauber

ennuyé – gelangweilt

Thémis est ma meilleure copine. Et je veux la garder tout le temps à côté de moi.

Puis j'ai demandé à Sophie :
– Dis, madame…
– Sophie ! Appelle-moi Sophie !
– Est-ce que papa est ton meilleur ami ?
– Euh…
– Oui ou non ?
– Oui !
– Alors tu veux le garder tout le temps à côté de toi, pas vrai, madame ?
– Sophie ! Appelle-moi Sophie !
– Oui ou non ? T'as pas répondu.
– Oui. Bien sûr.
– Et bien, c'est la même chose pour Thémis et moi. Nous voulons tout le temps rester ensemble.

Il y a eu un grand silence.

Puis papa a toussé et parlé de son travail. Il est journaliste et travaille à L'Equipe. C'est un journal sportif qui existe depuis plus de cent ans. Papa raconte toujours la même histoire à toutes ses copines. Comment le journal est né, que son journal a eu l'idée d'organiser un Tour de France à vélo en 1903, que son journal avait toujours beaucoup de succès.
J'ai dit : « Pff… ».
– Qu'est-ce que tu as, Alex ? Tu es fatigué ? C'est très intéressant ce que ton papa raconte.
– Oui, mais il raconte la même histoire à toutes ses nouvelles copines.

Alors il y a eu un grand silence. Le deuxième.

---

17 **le silence** die Stille, das Schweigen – 18 **tousser** husten

Papa a toussé, mais il n'a rien dit.

Sophie ne disait rien non plus. Elle regardait le tableau que maman aimait beaucoup. Elle le regardait, et le regardait encore, sans rien dire. Heureusement, parce que quand elle a parlé, elle a dit des choses pas cool :

– Il est moche, ce tableau.

Moi, j'ai répondu :

– Non ! Il est très, très beau, ce tableau. C'était le tableau préféré de ma maman.

Sophie a fait comme si elle n'avait pas entendu. Elle a continué :

– Jean (mon papa s'appelle Jean), je n'aime pas ce tableau. Le petit tableau qui est chez moi dans mon salon, tu sais, ce magnifique paysage, il sera très bien à la place de ce tableau qui est vraiment très moche.

– C'est toi qui es vraiment très moche, madame !

Mon père a dit : « Euh… »

Moi, j'étais en colère. Très en colère. Ça, Jean l'a compris et il m'a fait une proposition :

– Ce tableau, je te le donne. Tu peux le mettre dans ta chambre.

Alors, moi, je n'ai pas hésité : j'ai pris le tableau, dit à la dame que cette maison était MA maison et pas SA maison, puis j'ai appelé Thémis, et nous sommes montés dans MA chambre.

Là, couché sur le ventre de Thémis, j'ai regardé le tableau préféré de maman.

---

2 **un tableau** *(hier)* ein Gemälde – 10 **comme si** als ob – 14 **magnifique** wunderschön moche - grauenhaft

Chapitre 3 Le chien de Laure

Pour mes quinze ans, papa a eu une idée super cool : il m'a invité l'après-midi au Stade de France, là où l'équipe de France de foot est devenue championne du monde en 1998. Mais ce jour-là, au Stade de France, il n'y avait ni foot ni rugby, mais un concert du groupe Superlook, le groupe préféré de papa quand il était jeune. Moi, je me fichais du groupe. J'étais surtout content d'être seul avec papa.
Et quand il m'a dit : « Tu sais, maman adorait aussi Superlook ! », alors là, j'étais très content de me trouver au milieu de tous ces fans, entre papa et maman. Et c'est vrai, la musique était vraiment super.

Quand on a pris le métro pour rentrer à la maison, papa et moi, on n'a pas dit un mot. On était heureux et tristes à la fois. De station en station, nous revenions à la réalité. Et je voyais bien à la tête de papa qu'il aimait encore maman.

Quand on a ouvert la porte de l'appartement, Thémis, qui m'attendait derrière, a sauté pour me souhaiter un bon anniversaire (elle me léchait sur toute la figure, quoi !), et aussi parce qu'elle voulait faire une promenade : c'est sa façon à elle de me demander quelque chose !

– Bon anniversaire, mon petit Alex, m'a dit Sophie. Je lui ai répondu :
– Ouais, merci !

---

2 **le Stade de France** großes Stadion in Saint-Denis (Vorort von Paris) – 3 **champion,ne du monde** Weltmeister – 6 **se ficher de qc** *(fam.)* etw. ist jdm egal *(ugs.)* – 13 **un mot** ein Wort – 17 **sauter** springen – 23 **ouais** *(fam.)* = oui

Thémis et moi, on est sortis. Thémis m'a conduit au square Trousseau. Je ne sais pas ce qu'elle avait (maintenant, je sais), mais ce jour-là, elle faisait plein de bruits : elle pleurait, elle aboyait, elle courait…
Et tout à coup, Thémis s'est arrêtée devant un chien. Elle l'a reniflé. Il l'a reniflée. Et moi, je l'ai vue.

– Il s'appelle Zébulon !
– Comment ?
– Zébulon ! T'es dans les nuages, ou quoi ?!

J'étais dans les nuages parce que la fille qui me parlait était super jolie. Elle était si jolie que je ne savais plus qui j'étais. Je ne comprenais plus rien. Et elle, elle me souriait. Et moi, je ne disais rien.

Pendant que je la regardais, pendant qu'elle me souriait, Thémis et Zébulon « ont fait connaissance ». Ils ont si bien fait connaissance que quelques mois plus tard, ma Thémis a mis au monde des jolis chiots.

A propos chiots, je vous raconterai plus tard comment Sophie a pété les plombs.

– Elle s'appelle comment, ta chienne ?

Pour le moment, j'étais toujours dans les nuages. Je ne savais pas si la fille qui me souriait appartenait au monde du rêve ou à la réalité.
– Quoi ?
– Tu ne comprends pas ce que je dis ? Tu ne parles pas français ?
– Thémis !

---

3 **plein de** = beaucoup de – 4 **aboyer** bellen – 4 **courir** rennen – 6 **renifler qc** an etw. schnuppern – 9 **être dans les nuages** träumen – 12 **sourire** lächeln – 15 **faire connaissance** sich kennen lernen – 17 **mettre au monde** gebären – 17 **un chiot** ein Welpe – 19 **péter les plombs** [peteleplõ] *(fam.)* ausflippen *(ugs.)*

tomber amoureux de qn – sich verlieben

J'ai réussi à dire : « Thémis ».
Mais là, c'est elle qui n'a pas compris :
– Thémis ?!
– Oui, Thémis. C'est le nom de ma chienne.
– Ah ! C'est bien : tu parles français…
– Ben… oui !

Je n'arrivais pas à me montrer intelligent. A part « comment », « quoi », et « ben », je ne savais pas quoi dire. Et pendant ce temps, la fille que je regardais toujours, regardait, elle, Thémis et Zébulon et ne souriait plus.

– Oh ! Zut ! Tu as vu ce qu'ils ont fait ?
– Euh…
– Toi, tu as vraiment de la conversation !
Puis, elle a dit :
– Zébulon et Thémis ont fait l'amour.
– Ah !
– C'est tout ce que tu trouves à dire ? TA CHIENNE VA AVOIR DES CHIOTS…
– Ça va ! Crie pas ! Je ne suis pas sourd.
– Qu'est-ce qu'on fait ?
– Je ne sais pas. Peut-être qu'elle n'en aura pas, des petits…
– T'es naïf, ou quoi ?
– J'adore les chiots.
– Moi aussi ! Au fait, moi, c'est Laure.
– Alex. Je m'appelle Alex.
– Marrante, notre façon à nous de faire connaissance, tu ne trouves pas ?
– Euh…
– Tu dis tout le temps « Euh » !

---

13 **avoir de la conversation** gesprächig sein – 15 **faire l'amour** miteinander schlafen – 19 **sourd,e** taub – 23 **naïf/naïve** naiv

– C’est de famille. Mon père dit aussi tout le temps « Euh ».
– Vous avez de la conversation, dans votre famille !

Et puis, elle est partie !

Je n’ai même pas pensé à lui demander son numéro de téléphone. Laure n’a pas demandé mon numéro de téléphone non plus. Mais elle et moi, on savait qu’on allait se revoir. Comment ? Je ne sais pas. Mais on allait se revoir, c’était sûr. Comme deux et deux font quatre.

Je suis rentré à la maison, avec Thémis et ses « zébulons » dans le ventre. Je n’ai rien dit à papa et Sophie. Je suis monté dans ma chambre, et je suis allé sur Internet. Là, j’ai cherché sur Google. J’ai tapé : « Quel est le temps de… », mais là, je ne trouvais pas le mot. J’ai cherché, regardé dans mon dictionnaire, et trouvé le mot « gestation ». Alors, j’ai tapé la question : « Quel est le temps de gestation des chiennes ? » Et j’ai eu la réponse : entre 58 et 63 jours. Ce qui me laissait un peu de temps pour réfléchir à une stratégie. Comment est-ce que j’allais le dire à papa et Sophie ? Papa cherchera sûrement une solution pour m’aider. Mais Sophie ? Comment est-ce qu’elle allait réagir ? Est-ce qu’elle n’allait pas en profiter pour se débarrasser de ma chienne qu’elle n’aimait vraiment pas ?

Et puis là, tout à coup, j’ai pensé à Laure. On s’est rencontrés un mercredi après-midi : normal, le mercredi après-midi, il n’y a pas classe. La prochaine fois qu’on n’aura pas classe, ce sera samedi. Donc la prochaine fois que je verrai Laure, ce sera samedi.

---

1 **C’est de famille.** Es liegt in der Familie. – 13 **taper** *(hier)* tippen – 15 **la gestation** die Trächtigkeit – 21 **réagir** reagieren – 22 **profiter de qc** die Gelegenheit nutzen – 22 **se débarrasser de qc/qn** etw./jdn loswerden

Belle déduction, non ? Mais est-ce que Laure pensait comme moi ? A moi ? Est-ce qu'elle faisait la même déduction que moi ?

On a frappé à ma porte : c'était papa :
– C'était bien, le concert, hein ?
– Super, papa ! Merci beaucoup.
– Qu'est-ce que tu as ? Tu as l'air tout bizarre. Tu as dormi ?
– Non. Rêvé.
– Euh…
– Tu as de la conversation, papa !
– Pourquoi tu dis ça ?
– Tu dis tout le temps « Euh » !
– Euh ?
– Exactement !
– J'ai passé une super journée, Alex.
– Moi aussi, papa…
– « Superlook », c'est super cool, hein, fils ?!!

---

1 **une déduction** eine Schlussfolgerung – 4 **frapper** *(hier)* anklopfen

Chapitre 4 Soixante-deux jours plus tard...

... Thémis a mis cinq chiots au monde. Qu'est-ce que j'ai craqué ! Qu'est-ce que Laure a craqué ! Et Sophie, ma belle-mère, elle a craqué, aussi, dans le sens de péter les plombs ! Je reviens donc quelques semaines en arrière : un « flash-back », quoi ! Comme au cinéma ! Au moment où j'ai quitté Laure. Au moment où Laure m'a quitté. Laure que j'étais sûr de revoir...

Le samedi qui a suivi le mercredi après-midi, j'ai conduit, comme d'habitude, Thémis au square Trousseau. Pour une fois, je trouvais que ma chienne n'allait pas assez vite. Je marchais comme un fou, non, je courais, mais la pauvre, elle avait l'air bien fatiguée. Et, enfin, nous sommes arrivés. Thémis qui cherchait le repos, moi qui cherchais Laure. Mais rien. Il ne s'est rien passé.
Je me suis assis sur un banc, Thémis à mes pieds. Et nous avons attendu. Attendu. ATTENDU. Mais rien. Alors nous sommes rentrés à la maison. J'étais, vous l'imaginez, de très, très mauvaise humeur. Et le soir, à table, Sophie m'a demandé quelque chose, je ne sais plus quoi, de sa jolie voix un peu triste, et a terminé sa phrase, comme toujours, par « N'est-ce pas, mon gentil petit Alex ? » Ce « gentil petit Alex » qu'elle utilise tout le temps, cette fois, ça m'a vraiment énervé. J'ai pété les plombs. Je lui ai dit « Je ne suis pas gentil. Je suis grand. Je ne suis pas TON Alex, mais l'Alex de ma maman qui est MORTE. » J'ai alors profité du silence (papa a bien sûr toussé), pour dire brusquement : « Thémis va avoir des chiots ! »

Nouveau silence. Papa a toussé une nouvelle fois.

---

2 **craquer** *(hier)* dahinschmelzen – 3 **une belle-mère** *(hier)* eine Stiefmutter – 4 **revenir en arrière** auf Vergangenes zurückkommen – 8 **suivre** folgen – 14 **le repos** die Ruhe – 16 **je me suis assis** ich habe mich hingesetzt – 26 **brusquement** plötzlich

Alors, comme personne ne disait rien, j'ai expliqué : « Thémis a des Zébulon dans le ventre ! » Sophie s'est levée et est partie dans la salle de bains. Papa ne souriait pas. Puis, quelques minutes plus tard, elle est revenue dans la salle à manger, toute rouge : « Ta chienne n'aura pas de chiots dans ma maison ! ». Là, pour une fois, elle n'a pas ajouté « Mon gentil petit Alex ». Elle était vraiment en colère.

Alors, elle et moi, on a parlé :
– C'est aussi ma maison.
– Une chienne met cinq, six chiots au monde. A la maison, ce n'est pas possible, Alex. Ce n'est pas possible. Et puis, comment elle a fait pour avoir des chiots ?
– Comme tout le monde, Sophie.
– Quand est-ce que ta chienne a… a…
– Thémis a rencontré Zébulon il y a quatre jours.
– Parce qu'il s'appelle Zébulon ?
– Tu t'appelles bien Sophie.
– Il y a une différence, non ?
– Non. Donc, Thémis a rencontré Zébulon il y a quatre jours. Elle aura ses chiots dans 58 jours.
– 58 jours ? Tu en es sûr ?
– Le temps de gestation pour une chienne, a dit papa, est de soixante-deux jours, Sophie chérie.

Là, papa a marqué un but : Sophie et moi, on l'a regardé, admiratifs. « Tu t'y connais, toi, en chiennes ? » Il a dit oui, que ses parents en ont eu trois quand il était jeune. Il a ajouté : « J'adore les chiots ! ». Ces petits animaux le font toujours craquer. Et là, je n'ai pas honte de dire que j'ai trouvé mon père super, cool, génial. A ce moment-là, qu'est-ce que je l'ai aimé, mon papa.

---

7 **ajouter qc** etw. hinzufügen – 19 **une différence** ein Unterschied – 20 **donc** also – 25 **marquer un but** ein Tor schießen; *(hier)* punkten – 26 **admiratif/admirative** voller Bewunderung – 26 **s'y connaître en qc** sich in etw. auskennen

Sophie avait envie de pleurer. Jean l'a prise dans ses bras et lui a dit gentiment : « Sophie chérie, je vais trouver une solution. ». Sophie a souri (elle a un joli sourire). Moi, je n'étais plus de mauvaise humeur. La fin du repas a été vachement sympa.

Et Laure ? On s'est rencontrés, comme ça, par hasard – je ne crois pas au hasard – un dimanche après-midi. Papa et Sophie m'avaient invité ce jour-là au cinéma. Les parents de Laure avaient invité leur fille ce jour-là au cinéma. Laure m'a souri. M'a dit « Salut ! » J'ai répondu « Euh… » Laure a expliqué à ses parents : « Vous savez, c'est le mec qui dit tout le temps « Euh ! ». Alex, est-ce que Thémis va avoir des petits ? » Papa a proposé d'en parler, tous ensemble, après le film, autour d'un verre.
Et on s'est tous retrouvés à la maison, après le cinéma.

A la maison, je ne savais pas quoi dire. J'avais à nouveau l'air d'un imbécile. Heureusement, Thémis était là pour faire la fête à Laure. Et puis Thémis est montée dans ma chambre. Je l'ai suivie et Laure m'a suivi. Quand elle a vu ma chambre, elle a dit : « Une chambre de mec ! » Puis elle a vu le tableau préféré de maman. Elle a sorti son téléphone portable et en a fait une photo.
– Pourquoi tu le photographies ?
– Parce que je le trouve beau ! Il raconte une histoire…
– Ah bon ?
– Tu n'as jamais remarqué ? C'est comme si le peintre laissait un message…
– Ah bon ?!
– « Ah bon ?! » Cherche au moins un synonyme ! Ce tableau, je vais le montrer à papa. Il s'y connaît. Il a une galerie, rue de Seine, à Paris.

---

3 **un sourire** ein Lächeln – 6 **le hasard** der Zufall – 14 **autour d'un verre** bei einem Getränk – 17 **un imbécile** ein Idiot – 18 **faire la fête à qn** jdn feiern – 26 **un,e peintre** ein Maler/eine Malerin

– Si tu veux…
– Il est à toi, ce tableau ?
– Oui ! C'était le tableau préféré de ma mère.
– La dame, dans le salon, c'est pas ta mère ?
– Non. Ma mère est morte.

Il y a eu un grand silence. Laure m'a regardé. Elle n'a rien dit, mais m'a fait une bise. Puis une autre. Sur les deux joues.

Et soixante-deux jours après avoir rencontré Zébulon, Thémis a mis au monde cinq chiots, à la clinique vétérinaire du quartier. Qu'est-ce qu'ils étaient jolis, ces petits animaux ! Alors les parents de Laure en ont pris un, nous un, et pour les trois autres, on a trouvé trois gentilles familles pour s'en occuper.

A quinze ans et soixante-deux jours, j'étais presque heureux.

11 **une clinique vétérinaire** eine Tierarztklinik

Chapitre 5 Disputes

Papa a eu des problèmes avec son rédacteur en chef. Je vous rappelle qu'il est journaliste à l'Equipe, le grand journal sportif français qui existe depuis plus de cent ans. Papa qui s'intéresse au foot et au vélo a dû oublier le foot et le vélo pour écrire des articles sur le ski et le basket, deux sports qu'il n'aime pas. Alors il s'est disputé avec son rédacteur en chef. Résultat : le journal a été content d'accepter la démission de mon papa.

Sophie, elle, n'était pas contente parce que comme laborantine, elle ne gagnait pas assez d'argent pour nous nourrir tous, c'est-à-dire papa, moi, Thémis et la fille de Thémis qui a maintenant un peu plus de trois mois. Au fait, la petite chienne, je l'ai appelée Lola. Voilà. Donc une dispute entre papa et son chef, comme ça arrive souvent dans le monde du travail, qui a eu des conséquences terribles sur notre « famille ».

Papa a réfléchi. Beaucoup réfléchi. Et décidé, avec un copain, de fonder un nouveau journal sportif. Un « vrai ». Comme si L'Equipe n'était pas un vrai journal sportif... Son copain et lui voulaient écrire des articles qui parlent du sport, mais pas des joueurs qui sont devenus des stars. C'est dommage parce que, à mon avis, le public, lui, il aime les stars, les adore même. Les « grands » footballeurs sont devenus des « grands » parce qu'ils jouent bien. Parce qu'ils font gagner leur équipe, ou leur pays. Et moi, la vie des footballeurs, elle m'intéresse. J'aime bien voir, par exemple, la photo des copines de mes joueurs préférés...

---

1 **un rédacteur/une rédactrice en chef** ein Chefredakteur/eine Chefredakteurin – 2 **rappeler qc à qn** jdn an etw. erinnern – 5 **un article** ein Artikel – 7 **un résultat** ein Ergebnis – 8 **une démission** eine Kündigung – 10 **un laborantin/une laborantine** ein Laborassistent/eine Laborassistentin – 10 **gagner** *(hier)* verdienen – 11 **nourrir qn** jdn ernähren – 11 **c'est-à-dire** das heißt – 15 **une conséquence** eine Konsequenz – 18 **fonder qc** etw. gründen – 21 **un joueur** < jouer – 22 **le public** das Publikum

Alors je ne suis pas d'accord avec papa. Le « Journal des Sports » dont il sera le rédacteur en chef ne parlera que des sports, et du plaisir de faire du sport. Pas de la vie des joueurs. A la maison, on ne parlait que de ça. Sophie se faisait du souci parce que papa, pour fonder son « Journal des Sports », voulait dépenser toutes leurs économies. Il demandait, aussi, de l'argent aux banques. Mais Sophie, et les banques, trouvaient le projet trop dangereux.
Alors, souvent, Jean et Sophie se disputaient. Et comment ça se terminait ? Sophie allait bouder dans sa chambre. Et papa allait faire un tour.

L'idée de papa, c'était de fonder un journal gratuit, comme les journaux qu'on trouve dans les gares de la banlieue parisienne. Quand je prends le train, j'en lis toujours un. C'est vite lu. Et on est vite informé. En « vingt minutes », comme le dit le titre de l'un de ces journaux. Alors un journal sportif gratuit ? Pourquoi pas ? Moi, je suis sûr, comme papa, qu'un journal sportif gratuit, ça intéresse le public. Mais le « Journal des Sports » ne doit pas oublier les stars. Moi, je veux bien devenir chef de cette rubrique !

Papa ne trouvait pas les financements. Et l'ambiance à la maison devenait insupportable. Ça me donnait envie de jouer au loto pour gagner et donner tout l'argent à papa : comme ça, il aurait les financements pour son nouveau journal, et il ne se disputerait plus avec Sophie. Il s'occuperait à nouveau d'elle. Et de moi.

Laure…

Son petit chien à elle, l'un des petits de Thémis et de Zébulon, elle l'a appelé Socrate. Et Socrate et Lola sont vraiment craquants !

---

6 **les économies** *(f., pl.)* die Ersparnisse – 10 **bouder** schmollen – 21 **un financement** eine Finanzierung – 22 **insupportable** < supporter – 30 **craquant,e** süß

nicht auszuhalten

Et puis Laure m'a parlé du tableau préféré de maman. Son père qui a une galerie, et à qui elle a montré la photo du tableau, le trouve très beau. Il connaît le peintre : c'était un de ses amis. C'était ? L'imparfait, oui, parce qu'il est mort. Ce peintre vivait dans le sud de la France. Laure dit que le tableau raconte un peu mon histoire : cette femme avec un très joli chapeau sur la tête, c'est ma mère. Elle regarde par la fenêtre. Dehors, deux petits enfants jouent à la balle. Ils ont le même âge : trois, quatre ans ? Sûrement des jumeaux. Une fille et un garçon qui se ressemblent.

– Je n'ai pas de sœur !
– Qu'est-ce que tu en sais ?
– Euh…
– Tu recommences !
– A quoi faire ?
– A dire « Euh » !
– La dame au chapeau ne ressemble pas à ma mère.
– Est-ce que tu t'en souviens, de ta maman ?
– Son image ne me quitte pas.
– Excuse-moi, Alex, je sais que tu n'aimes pas parler de ta maman.

Et là, elle m'a embrassé. Et j'ai tout oublié.

Mais le soir, à table, j'ai posé des questions sur le tableau préféré de maman. Au début, papa a fait comme s'il n'entendait pas. Puis il a toussé. Enfin, comme d'habitude, il y a eu un grand silence. Sophie a demandé à Jean : « Pourquoi tu ne réponds pas aux questions de ton fils ? » Je dois dire que je commençais à trouver Sophie sympa. A l'aimer ? Non. Personne ne peut remplacer ma maman. Et je pense que Sophie, elle m'aimait bien. Beaucoup ? Je ne sais pas. Mais à cause des problèmes professionnels

---

7 **un chapeau** ein Hut – 9 **une balle** ein Ball – 10 **des jumeaux/des jumelles** Zwillinge – 18 **se souvenir de qn/qc** sich an jdn/etw. erinnern – 29 **remplacer qn/qc** jdn/etw. ersetzen – 31 **professionnel,le** beruflich

de papa, elle et moi, on se comprenait mieux. Papa et Sophie se disputaient souvent. De plus en plus souvent. Je pensais : « Après la mort de maman, j'espère qu'il n'y aura pas de divorce entre papa et sa copine. »

– Papa, est-ce que c'est maman sur le tableau ?
– Euh…
– Bon. Je te pose la question autrement : est-ce que tu la connais, cette dame ?

Silence.

– Mais réponds-lui, Jean. Tu vois bien que c'est important pour lui.
– C'est un problème entre Alex et moi.
– Parce qu'il y a un « problème », papa ?

Là, le téléphone a sonné. Papa s'est levé et il est allé dans son bureau, avec le téléphone, discuter avec son copain journaliste. Une discussion qui, comme chaque fois, durait, durait, DURAIT. Papa me laissait seul avec mes questions. J'avais des vraies questions sur ma vie, mon père, ma mère, ma « sœur », etc., etc., etc. Et lui, pendant ce temps-là, il jacassait avec son meilleur pote.

J'étais très en colère.

Sophie l'a vu. Et elle a fait tout ce qu'elle a pu pour m'aider, me consoler, discuter d'adulte à adulte. Là, vraiment, je l'ai trouvée sympa, Sophie, super sympa.

Je suis monté dans ma chambre, et je me suis couché par terre, entre Thémis et Lola. Mes chiennes ont léché mes larmes.

---

17 **durer** (an)dauern – 20 **jacasser** *(fam.)* quatschen – 20 **un,e pote** *(fam.)* un copain/une copine – 23 **consoler** trösten – 23 **un,e adulte** ein Erwachsener/eine Erwachsene

Chapitre 6 Départs

Et mon père a disparu pendant des jours et des jours. Il travaillait nuit et jour à la maquette de son nouveau journal et à son financement. Il rentrait dans la nuit, quand je dormais. Et il dormait quand moi je partais à l'école. Pratique pour lui : il n'avait pas le temps de répondre aux questions d'un fils trop curieux. Et quand je l'appelais sur son portable parce que je voulais discuter avec lui, parce que je voulais des réponses à ces trois questions : 1) Qui sont tous ces gens sur le tableau ? 2) Est-ce que la dame au grand chapeau, c'est maman ? 3) Et la petite fille, est-ce que c'est ma sœur ?, mon père me disait au téléphone : « Ecoute Alex, j'ai beaucoup de travail, des millions de soucis. Le « Journal des sports », ce sera notre gagne-pain. Tu peux comprendre, ça, non ? » La « discussion » s'arrêtait toujours là.

Alors un jour, j'ai questionné Sophie. Mais elle ne savait rien. Elle savait seulement que Jean l'énervait. Il n'était jamais là. Il travaillait tout le temps. Et cette vie ne l'intéressait pas. Ne l'intéressait plus. Plus du tout. Alors, mes problèmes à moi n'étaient pas ses problèmes. Elle, elle avait ses problèmes. Moi, les miens.

J'étais bien seul. Même si, c'est vrai, j'avais Laure, Thémis et Lola. Mais j'étais seul, et je ne savais plus qui j'étais. Alex ? Alex ? ALEX ? Est-ce que « Alex », c'était mon vrai prénom ? Je cassais les pieds à Laure :

– Alex, tu dis tout le temps la même chose !
– Normal, Laure, non ?
– Cette histoire de ressemblance, c'est sûrement un hasard.

---

2 **une maquette** *(hier)* ein Layout – 13 **un gagne-pain** ein Verdienst – 16 **questionner qn** poser des questions à qn – 25 **casser les pieds à qn** *(fam.)* jdn nerven – 28 **une ressemblance** eine Ähnlichkeit

– Tu parles ! Quand j'en ai parlé à mon père, il a fait une tête bizarre. La tête de quelqu'un qui cache quelque chose.
– Cette histoire de ressemblance, tu sais, je l'ai inventée parce que j'adore inventer des histoires. J'aime écrire des romans, quoi !
– Faut pas faire des choses comme ça. Moi, je ne pense plus qu'à ça. Et plus à l'école. Mes notes sont nulles !
– Allez ! On oublie tes problèmes ! On oublie tes notes ! Et on va au ciné, d'accord ?
– Euh…
– Ça va ! J'ai compris !
– Ben…
– « Ben », « Euh » : c'est tout ce que tu sais dire. Salut.

Et elle est partie. Elle a claqué la porte. Sophie aussi est partie. Elle aussi, elle a claqué la porte. Très fort. Ça n'a pas réveillé papa. Il était si fatigué. Moi, j'ai entendu Sophie qui partait parce que je ne dormais pas : je cherchais des réponses à mes trois questions. Elle est partie sans me dire au revoir. Laure, au moins, elle m'a dit : « Salut. ». Est-ce que le « Salut. » de ma copine était un dernier salut ? Un simple « au revoir » ? Est-ce qu'elle avait envie de me revoir ? Moi, de la revoir ? Et quand on ne sait pas quoi répondre à ces questions, c'est sûrement qu'on n'aime plus son copain ou sa copine.

Papa qui ne dormait plus, a frappé à ma porte.
– Tu dors ?
– Non !
– Où est Sophie ? C'est dimanche. Elle a des rendez-vous ?
– Je ne sais pas. Vous ne vous parlez plus ?
– Euh …
– Nous non plus, papa, nous ne nous parlons plus.

---

2 **cacher qc** etw. verstecken – 15 **claquer qc** (zu)knallen

– Ben …
– « Ben », « Euh » : c'est tout ce que tu sais dire ? T'as de la conversation, toi.

Long silence. Et papa qui tousse…

– Et puis, papa, si tu ne trouves pas le temps de répondre à mes questions, moi aussi je partirai. Parce que Sophie, elle est partie, et elle ne reviendra pas. Parce qu'elle en avait marre de vivre avec un homme qui passe son temps à travailler. Et ne me dis pas que tu travailles pour notre avenir. Je m'en fiche de mon avenir. J'ai compris que ton travail est plus important que ton fils et ta copine. Tu as déjà perdu ta copine. Bientôt, tu vas perdre ton fils, Thémis et Lola. Et puis, ton histoire de journal, ça ne marchera pas. Tu n'as pas trouvé le fric pour le financer. Et maintenant, ferme la porte de ma chambre. Pour le moment, je suis encore chez moi, dans cette chambre. Ferme la porte et laisse-moi dormir. Si je peux dormir. Parce que je ne dors plus. JE NE DORS PLUS. La porte ! Salut !

Jamais, dans ma vie, je n'ai tellement parlé.
J'avais enfin de la conversation !!!

Papa ne disait rien. Il me regardait avec des grands yeux. Thémis et Lola pleurnichaient parce qu'elles voyaient bien que je n'étais pas heureux.

– Ton dernier bulletin, Alex, euh, n'est pas, euh, très, très bon… Il faut te mettre au travail.
– C'est tout ce que tu trouves à dire ??? LA PORTE !
Pourquoi est-ce que mon papa n'est pas resté dans ma chambre ? Pourquoi est-ce qu'il n'a pas discuté avec moi ? Parce qu'il avait peur de me raconter mon histoire. Parce

---

8 **en avoir marre de qn/qc** *(fam.)* von jdm/etw. die Nase voll haben *(ugs.)* – 14 **le fric** *(fam.)* l'argent – 18 **La porte !** Geh raus! – 22 **pleurnicher** rumjammern – 24 **un bulletin** ein Zeugnis

que, aussi, Sophie lui manquait déjà : ça, je l'ai compris aujourd'hui. Il a fermé la porte. Doucement. Et il est parti.

Est-ce qu'il pleurait ?

Mais moi, à ce moment-là, je m'intéressais surtout à moi et je voulais des réponses à mes questions. Des réponses qui ne venaient pas.

Alors, j'ai téléphoné à Guillaume, mon meilleur pote, qui partait en vacances avec ses parents en Normandie.

– Tu m'invites en Normandie ?
– Ben ouais, mec, cool.
– Mon père est d'accord.

Un mensonge, bien sûr. J'ai dit :
– On va s'éclater, mec !
– Tu peux vraiment passer les deux semaines avec nous ?
– Ouais, ouais ; il y a de la place, dans ta maison ?
– Tu parles ! Y'aurait de la place pour tous les potes de la classe…

Mais j'avais un problème : mes chiennes. Et là, mon super pote, il a été génial. Ses parents qui ont eu un chien avaient gardé sa niche, une grande niche. Qu'ils mettront dans la grange qui se trouve à côté de leur maison. Thémis et Lola pourront comme ça s'éclater elles aussi. Je suis donc parti en Normandie, avec Guillaume et ses parents, sans rien dire à mon père. Et j'ai fait comme s'il était d'accord.

Sophie qui ne m'avait pas dit au revoir m'a envoyé une très, très gentille lettre : « On se voit quand tu veux, Alex… ».

---

13 **un mensonge** eine Lüge – 14 **s'éclater** *(fam.)* Spaß haben – 21 **une niche** eine Hundehütte – 22 **une grange** eine Scheune

Chapitre 7 Vacances en Normandie... Angoisses à Paris

C'est beau, la Normandie ! La maison de famille des parents de Guillaume se trouve dans un petit vallon, à quelques kilomètres des falaises de Fécamp. A vélo, on en a pour quelques minutes. Et du haut de la falaise, on voit la ville, la mer et les bateaux, les jeunes qui jouent sur la plage... On restait là des longues minutes à regarder le paysage, sans parler, contents d'être ensemble. Moi, j'arrivais, parfois, à oublier mes problèmes. Ils disparaissaient dans les vagues et revenaient quand les vagues disparaissaient.

Et puis le soleil sur la mer, le soleil dans mes yeux, le vent froid. J'étais triste, heureux, heureux et triste. Je pensais à papa qui se faisait sûrement du souci. Je pensais, aussi, au tableau préféré de maman. J'avais envie de le jeter à la mer : les couleurs de la dame au chapeau, lavées par l'eau de mer, les deux enfants qui jouent, lavés par l'eau de mer. Le tableau qui disparaît. Il ne reste plus rien.

– La prochaine fois, Alex, on va à la plage à pied, à travers champs.
– Super !
– Comme ça, Thémis et Lola pourront venir avec nous.
– Ouais ! Super ! J'adore voir Thémis courir sur la plage... et mordre l'eau !
– Elle « mord » l'eau ?
– Oui ! Et ça me fait toujours rigoler.

Et puis de nouveau le silence. Et le soleil qui danse dans les vagues. J'ai envie de plonger du haut de la falaise dans la mer. Et puis, Guillaume, qui tout à coup, me dit :
– C'est bizarre, ton père t'appelle jamais...

---

0 **l'angoisse** *(f.)* die Angst – 2 **un vallon** ein kleines Tal – 3 **une falaise** ein Fels – 8 **une vague** eine Welle – 13 **jeter qc** etw. werfen – 22 **mordre** beißen – 26 **plonger** tauchen

– Euh…
– Vous avez des problèmes ?
– Non ! Non !
Un mensonge, bien sûr. Puis j'ai ajouté :
– Tu sais Guillaume, mon père fonde un journal, un journal gratuit qui parlera de tous les sports. Alors, il n'a pas trop le temps de me téléphoner. Il sait que je suis bien, ici, en Normandie, et que je passe des bonnes vacances…

Pendant ce temps, papa s'arrachait les cheveux – les derniers qui lui restaient – à cause de son journal. Rien ne marchait comme il le souhaitait : la maquette qui ne lui plaisait pas, les journalistes qui manquaient d'enthousiasme, les financements qui n'arrivaient pas. Il rentrait tard à la maison. Et partait tôt. Il travaillait. Il dormait. Il travaillait. Il dormait. Il ne savait pas si j'étais là ou pas. Un fantôme. Et puis un dimanche, deux jours après mon départ pour la Normandie, il a frappé à la porte de ma chambre. Personne, bien sûr. Il a attendu mon retour de promenade. Une heure, deux heures ? Puis il

15 **s'arracher les cheveux** *(m., pl.)* sich die Haare ausreißen

m’a appelé sur mon portable. J’ai vu son nom sur l’écran. Je n’ai pas décroché. Alors il a laissé un message : « Salut, Alex ! C’est papa. Où est-ce que tu es ? Merci de m’appeler. Je t’embrasse. » Puis il est parti au bureau. Mais moi, bien sûr, je ne l’ai pas appelé. Alors l’après-midi, au journal, il m’a rappelé. Je n’ai toujours pas décroché. Il a laissé un nouveau message : « Alex ! Où es-tu ?!! Appelle-moi, s’il te plaît ! Je suis inquiet.» Mais vous l’imaginez, je ne lui ai pas répondu. Et puis, il m’a oublié, à cause de son travail et des soucis de son travail. Le soir, quand il est rentré à la maison, encore plus tard que d’habitude, il est monté directement dans ma chambre. Et là, il a enfin compris : son fils, comme Sophie, n’était plus là…

Dans la maison des parents de Guillaume, l’ambiance était super sympa. Guillaume et ses parents rigolaient tout le temps. Bon. Parfois, d’accord, le père de mon pote disait à son fils : « Ton dernier bulletin n’est pas bon. Il faut te mettre au travail. Rire et s’amuser, c’est bien. Mais bosser, c’est pas mal non plus ! » La maman, elle ne disait rien. Elle souriait. Et puis un jour, Guillaume a montré des vieux papiers, un peu jaunis, à son père :

– Qu’est-ce que c’est ça, Guillaume ?
– Des vieux bulletins…
– Des vieux bulletins ?!!

Le papa de Guillaume ne comprenait pas. Vous non plus, peut-être, alors j’explique ! Un petit flash-back, quoi…

La maison où je passais mes vacances est une maison de famille. Elle appartenait à monsieur Liget, le grand-père de Guillaume. Et dans le grenier de la maison du grand-père de Guillaume, il y avait beaucoup de vieilles choses : des vêtements, des photos, des papiers, et des vieux bulletins

---

1 **un écran** ein Bildschirm; *(hier)* ein Display – 19 **bosser** *(fam.)* travailler – 21 **jauni,e** vergilbt – 29 **un grenier** ein Speicher

de notes du papa de Guillaume. Et un jour, quand lui et moi on s'amusait dans le grenier, mon pote les a trouvés, les vieux bulletins de notes de son père. Il les a regardés et il a éclaté de rire.

Je reviens maintenant à la discussion entre Guillaume et ses parents. Au moment où monsieur Liget disait à son fils :

– Des vieux bulletins ?!!
– Oui, des vieux bulletins. Je les ai trouvés dans le grenier.
– Des bulletins de notes..., a dit Monsieur Liget qui ne voulait pas comprendre.
– Tes bulletins, sûrement, chéri... a dit la maman d'Alex, qui souriait, parce qu'elle, elle avait déjà tout compris...

Monsieur Liget s'est gratté la tête. Papa, lui, ne dit rien, mais tousse. C'est marrant les pères, quand quelque chose ne leur plaît pas, ils trouvent toujours un truc pour gagner du temps.

Tout à coup, le papa de mon meilleur pote a dit :

– Tu as trouvé mes vieux bulletins de notes, c'est ça, Guigui ?
– Oui ! Tu comprends vite !
– Et ?
– Tu ne t'en souviens plus ?

La maman de « Guigui » avait envie de rire. Mais elle se retenait.

– Tu n'étais pas un bon élève, hein, papa ?
– Euh...

---

4 **éclater de rire** lachen – 16 **gratter** kratzen – 18 **un truc** ein Ding – 27 **se retenir** sich zurückhalten

« Euh » : ça, c'est comme fait mon papa. Ou moi…

Et puis Guillaume a enfoncé le clou :

– Quand on voit tes notes, papa, on se demande comment tu as pu réussir dans la vie…

Et là, la maman de Guigui a éclaté de rire.

A la maison, c'est-à-dire à Paris, papa ne vivait plus. Il me cherchait partout. Dans le parc où je promène les chiennes. Devant mes magasins préférés, là où j'achète mes DVD et mes jeux vidéo d'occasion, devant les cinémas. Il a téléphoné à Laure. Laure qui lui a dit : « Mais monsieur, ça fait longtemps que je ne sors plus avec Alex ! » « Ah ! Première nouvelle ! » a dit papa, qui ne le savait pas. Et comme il ne connaissait pas le nom de mes meilleurs potes, il ne savait pas à qui téléphoner. Alors, il me laissait message sur message : j'entendais sa peur.

Les parents de Guillaume qui me voyaient tout le temps avec mon portable, souriaient, complices : ils pensaient que j'avais une copine. Alors, à cause de leurs sourires, et donc de mon mensonge, j'avais un peu honte.

« Oui, mon père est d'accord ! Il vous remercie beaucoup pour votre invitation. » : mensonge. Mensonge. MENSONGE. Je mentais aux parents de Guillaume. Je mentais à Guillaume. Mon père se faisait beaucoup de souci. Et il était seul à Paris. Et moi, j'étais avec mon meilleur pote dans sa belle maison normande. Mais même l'ambiance si sympathique en Normandie ne pouvait pas, ne pouvait plus me faire oublier tous les problèmes que j'avais.

---

2 **enfoncer le clou** noch eins drauf legen – 4 **réussir** Erfolg haben – 6 **ne plus vivre** *(hier)* keine Ruhe mehr haben – 9 **d'occasion** *(f.)* Gebraucht- – 22 **mentir à qn** jdn anlügen

Je devais téléphoner à mon père, puis parler à Guillaume et à ses parents. Et c'est ce que j'ai fait…

J'ai commencé par mon père. Il a été si content d'entendre ma voix que j'ai eu deux fois plus honte. Il ne m'a pas engueulé. Il m'a seulement dit : « J'arrive ! » Les parents de Guillaume, eux, m'ont engueulé.

LUI : Mais que va dire ton père ?
ELLE : Il va penser que nous sommes tes complices.
LUI : Tu nous as menti.
ELLE : Je déteste les mensonges.
LUI : Ton père peut dire que nous t'avons enlevé.
ELLE : Quelle responsabilité ! Est-ce que tu t'en rends compte, Alex ?
MOI : Euh…
GUILLAUME (EN COLÈRE) : Mon meilleur pote a des problèmes. Et c'est comme ça que vous réagissez ? Je ne vous reconnais plus !

Moi, je ne disais rien ! Comme quand monsieur Liget se gratte la tête, comme quand mon père se met à tousser. Je ne disais rien parce que je savais bien que les parents de Guillaume avaient raison.

Papa, lui, a laissé son travail, laissé la maquette de son journal, les journalistes peu enthousiastes, les financements qui ne venaient pas. Il a tout laissé tomber pour venir me voir. Il a pris le premier train pour Fécamp. Il voulait ABSOLUMENT me prendre dans ses bras. Il voulait ABSOLUMENT me parler. ENFIN.

---

5 **engueuler qn** *(fam.)* mit jdm schimpfen – 11 **enlever qn** jdn entführen – 12 **une responsabilité** eine Verantwortung – 13 **se rendre compte de qc** sich einer Sache bewusst sein

Chapitre 8 Révélations

Et papa est venu. Les formules de politesse, tout d'abord : « Bonjour, madame, bonjour, monsieur. Je vous ai mis dans une situation difficile. Mille pardons ! Tout cela est de ma faute. Et toi, tu es le meilleur pote d'Alex ? C'est triste, mais je ne connais même pas ton prénom. Ah ! Guillaume ! Salut Guillaume ! Tu es bien sympa de t'occuper de mon fils. » Blablabla. Blablabla.
Et pendant que mon père parlait, et parlait, et parlait, qu'il disait merci à madame et monsieur Liget, il me regardait, aussi, avec une tête… une tête que je ne connaissais pas, une tête « sincère ». Avec des yeux, entre larmes et amour. Des yeux qui me disaient : « T'inquiète pas, je vais te parler. J'ai envie de te parler. Je DOIS te parler : j'ai beaucoup de choses à te dire. Mon travail, mon journal, je m'en fiche, maintenant. C'est toi, mon fils, c'est toi, Alex, que je suis venu voir, à qui je vais raconter notre histoire. »

Pendant que mon père parlait pour ne rien dire, disait ses blablabla de politesse, Thémis et Lola lui faisaient la fête. A la fin de la discussion avec les parents de Guillaume, mon père sentait le chien !

Et moi ? Moi, j'attendais. J'attendais. J'ATTENDAIS. Et Guillaume qui le savait, a tout à coup dit à ses parents : « Si on allait à Fécamp ? Hein ? Bonne idée, non ? Alex et son père ont des choses à se dire. »

Les parents Liget ont donné raison à leur fils.

---

0 **une révélation** eine Enthüllung – 1 **la politesse** die Höflichkeit – 11 **sincère** ehrlich – 20 **sentir le chien** nach dem Hund riechen – 25 **donner raison à qn** jdm Recht geben

Ils sont partis. Mon père et moi, nous écoutions le vent dans les pommiers, les hennissements des chevaux, et les jeux de mes chiennes. Nous écoutions. Nous ne disions rien.

Et papa me regardait, comme s'il me découvrait. Comme s'il me voyait pour la première fois. Et c'était bien la première fois, depuis la mort de maman, il y a presque dix ans, que mon père allait me parler très, très sérieusement. Sans, tout d'abord, tousser.

« Alex, j'ai trop attendu pour te parler. Peut-être parce que ce n'est pas facile. Peut-être parce que j'ai peur et que je suis lâche. Il y a eu, il faut le dire, la mort de ta maman, que je n'ai pas pu oublier, et puis Sophie, le journal. Et toi qui attendais. Et moi, je l'ai dit, qui étais lâche. Parce que j'avais peur de te perdre. Alors voilà… »

Long silence. Et pas de toux. Des larmes ? Mon père s'est en tout cas mouché très, très fort. Puis il a dit : « Sur le tableau préféré de ta maman, il y a une dame avec un grand chapeau : c'est ta mère. La petite fille, c'est ta sœur. Le peintre qui a réalisé ce tableau, est ton vrai père, le premier mari de maman. »

Long silence. Et le vent qui souffle de plus en plus fort. Cette fois, c'est moi qui ai envie de pleurer. Mais je me retiens. Je sais que papa ne m'a pas encore tout dit. Il a donc continué : « Un jour, ton père a pris la voiture pour conduire ta sœur chez le docteur. Vous viviez dans le Sud de la France, dans un petit village, tout en haut, sur la montagne. Les routes, là-bas, sont très dangereuses.

---

2 **un pommier** ein Apfelbaum – 2 **le hennissement** das Wiehern – 8 **sérieux/sérieuse** ernst – 12 **lâche** feige – 17 **se moucher** sich die Nase putzen – 22 **souffler** wehen – 26 **un docteur** ein Arzt

Ils ont eu un problème de freins. La voiture est tombée dans un ravin, cinq cents mètres plus bas. Et la voiture a brûlé… »

Bon. Là, j'ai pleuré. Longtemps. Des vagues souvenirs qui revenaient ?

Mon père a respecté mes larmes. Puis, après de longues minutes, il a ajouté :

« Ta mère a eu, tu l'imagines, un chagrin immense. Son mari, sa fille qui disparaissaient… C'était terrible. Un chagrin immense, oui, mais un bonheur aussi immense d'avoir encore son fils. Toi, Alex. Alors un jour, elle a décidé de tout vendre : la maison dans la montagne, l'atelier du peintre, tous ses tableaux. Moi qui aime la peinture, je suis venu à la vente où j'ai acheté le tableau que tu connais. Là, j'ai rencontré ta mère. Et puis je l'ai revue. Peu à peu, elle a accepté l'inacceptable. Puis nous nous sommes mariés. Je t'ai aimé dès la première minute, Alex. Et, un jour, tu avais six ans, maman a eu le terrible accident de voiture que tu connais. La voiture, dans notre famille : une vraie malédiction. »

Là, moi je pleure comme une fille. C'est idiot ce que je dis, parce que les hommes ont aussi le droit de pleurer. Vous savez, ça fait du bien.

« Je voulais te parler depuis si longtemps, Alex. Mais j'avais peur. Je te demande pardon. Je t'aime, mon fils. »

Alors là, je me suis précipité dans ses bras, et nous sommes restés comme ça jusqu'au retour de la famille Liget.

---

1 **les freins** *(m., pl.)* die Bremsen – 2 **un ravin** eine Schlucht –4 **vague** vage – 8 **un chagrin** eine Trauer – 10 **le bonheur** die Freude, das Glück – 14 **une vente** ein Verkauf – 16 **l'inacceptable** *(m.)* das Unvorstellbare – 17 **dès** von… an – 20 **une malédiction** ein Fluch – 26 **se précipiter** sich stürzen

Chapitre 9 Epilogue

Le journal de papa, ça n'a pas marché.

Et puis, mon père (oui, c'est mon père de cœur), donc mon père et moi, maintenant, on se parle quand on a quelque chose à se dire, et surtout, on prend le temps d'écouter l'autre.

Nous avons déménagé à Lorient. Oui, mon père vient de cette ville, en Bretagne. Il retourne donc chez lui. Pourquoi ? Il vient d'être nommé directeur du festival interceltique de Lorient. Interceltique, ça veut dire que les musiciens qui participent à ce grand festival de musique, viennent des pays celtes, comme l'Irlande, par exemple. Et ils jouent des musiques celtiques. C'est super ! Ça se passe l'été, pendant les vacances. Pendant mes vacances. Alors je lui donne, comme beaucoup d'autres personnes, un coup de main. Et puis, j'adore la musique celtique que je découvre ! Et le sport dans tout ça ? Terminé ! Sauf pour le plaisir. Et papa s'éclate. Et quand il me voit téléphoner (pour lui), travailler à l'ordinateur (pour lui), décrocher le téléphone (pour lui), je vois bien que de loin, il me sourit.

A côté de mon bureau, il y a Gwenaëlle. Elle est super sympa :
– Tu es Parisien ?
– Oui ! Et alors ?
– Rien. Comme ça ! C'est pour dire quelque chose. Qu'est-ce que tu fais à Lorient ?
– J'habite à Lorient !
– Tu habites à Lorient ? Mais je ne t'ai jamais vu, à Lorient ! Ici, tout le monde se connaît…

---

0 **un épilogue** ein Epilog – 8 **nommer qn** jdn ernennen – 11 **celte** keltisch – 15 **donner un coup de main à qn** aider qn – 17 **le plaisir** der Spaß – 19 **de loin** aus der Ferne

– Normal. Je viens d'arriver.
– De Paris ?
– Gagné !
– Et qu'est-ce que tu fais à Lorient ?
– Euh…

Et voilà que je recommence à dire « Euh ». Mais Gwenaëlle m'a souri. Et puis son téléphone et mon téléphone ont sonné en même temps : des gens qui voulaient connaître les dates du festival, les noms des groupes qui y participent, etc., etc., etc.

Maman me manque un peu moins. Il faut dire qu'elle me regarde, tous les jours, de son tableau. Elle est à côté de moi. Comme mon père « biologique » et ma sœur.

Maintenant que je connais mon histoire, je peux, enfin, grandir…

15 **grandir** groß/erwachsen werden

Pendant la lecture

Chapitre 1

1. Vrai ou faux ? Quand la phrase est fausse, corrigez.
a) C'est un enfant de six ans qui raconte l'histoire.
b) Dans la chambre du petit garçon, il y a des jouets partout.
c) La maman du garçon téléphone à la maison pour dire qu'elle sera en retard.
d) Le garçon s'appelle Guillaume.
e) Le papa prépare le dîner.
f) Le petit garçon ne trouve plus son livre préféré ; ce livre s'appelle : « Thémis, le gentil fantôme ».
g) Il y a un chien dans la maison ; son nom, c'est Alex.
h) La chienne lèche les casseroles.
i) Le garçon caresse le ventre de sa chienne.
j) La maman d'Alex a eu un accident.

2. Décrivez le dessin de la page 7.

Chapitre 2

1. Les huit phrases qui suivent résument l'histoire de ce chapitre. Mais elles ne respectent pas l'ordre chronologique. Remettez les phrases dans le bon ordre.
a) Couché sur le ventre de Thémis, j'ai regardé le tableau préféré de maman.
b) Thémis est très, très, propre, parce qu'elle se nettoie toujours le museau contre la couverture de mon lit.
c) Sophie regardait le tableau que maman aimait beaucoup.
d) Quand j'ai eu dix ans, papa est rentré un jour à la maison avec une dame qui n'était pas ma maman.
e) Sophie n'a pas réussi son examen d'entrée, parce qu'elle a tout de suite critiqué ma chienne.

f) Viens, Thémis, on monte dans ma chambre !
g) Elle s'appelle Sophie, Alex chéri. Elle va venir souvent à la maison.
h) Je n'ai pas fermé la porte de ma chambre. Je voulais écouter ce que mon papa disait à la vieille dame.

2. Décrivez le dessin de la page 13.

Chapitre 3

1. Répondez aux questions suivantes :
a) Qu'est-ce qui s'est passé au Stade de France en 1998 ?
b) Pourquoi est-ce que Jean invite son fils au Stade de France ?
c) Est-ce qu'Alex a aimé le concert ? Pourquoi (pas) ?
d) Où est-ce qu'Alex est allé promener Thémis ?
e) Que s'est-il passé entre Thémis et Zébulon pendant la promenade ?
f) Pourquoi est-ce que Alex a donné à Laure l'image d'un parfait imbécile ?
g) Est-ce que, à votre avis, Alex et Laure vont se revoir ? Et si oui, quand ?
h) Qu'est-ce qu'Alex a cherché dans son dictionnaire et sur Google ?
i) Laure dit à Alex : « Tu as de la conversation, toi ! ». Pourquoi ?
j) Que dit Sophie à Alex ?

2. Relevez les noms de tous les personnages des trois premiers chapitres, puis faites leur portrait.

neugierig- curieux

Chapitre 4

1. Complétez les phrases à l'aide des mots du chapitre 4.

a) Le samedi qui a suivi le mercredi après-midi, j'ai conduit, comme d'habitude, Thémis au square Trousseau.

b) Sophie m'a demandé quelque chose, je ne sais plus quoi, de sa jolie voix un peu triste, et a terminé sa phrase, comme toujours, par « N'est-ce pas, mon gentil petit Alex ? »

c) Papa a dit que ses parents ont eu trois chiens quand il était jeune. Il a ajouté : « J'adore les chiots ! ».

d) Mon père a dit : « Sophie chérie, je vais trouver une solution. ».

e) Et Laure ? On s'est rencontrés, comme ça, par hasard – je ne crois pas au hasard – un dimanche après-midi.

f) Laure à ses parents « Vous savez, c'est le mec qui dit tout le temps Euhs ! »

g) Elle a vu le tableau préféré de maman. Elle a sorti son téléphone portable et en a fait une photo.

h) Laure m'a regardé. Elle n'a rien dit, mais m'a fait une bise. Puis une autre. Sur les deux joues.

i) A quinze ans et soixante-deux, j'étais presque heureux.

2. Décrivez le dessin de la page 22.

3. Le titre du chapitre 5, c'est « Disputes ». A votre avis, qu'est-ce qui va se passer dans le chapitre 5 ? Qui va se disputer ? Faites des hypothèses.

Chapitre 5

1. Imaginez des dialogues à partir des situations suivantes (au choix) :

a) Le petit chien de Laure, l'un des petits de Thémis et de Zébulon, elle l'a appelé Socrate. Et Socrate et Lola sont vraiment craquants !

b) Papa et son copain voulaient écrire des articles qui parlent du sport, mais pas des joueurs qui sont devenus des stars. C'est dommage parce que, à mon avis, le public, lui, il aime les stars, les adore même. Les « grands » footballeurs sont devenus des « grands », parce qu'ils jouent bien. Parce qu'ils font gagner leur équipe, ou leur pays. Et moi, la vie des footballeurs, elle m'intéresse.

c) Sophie, elle, n'était pas contente parce que comme laborantine, elle ne gagnait pas assez d'argent pour nous nourrir tous.

d) Mais Sophie, et les banques, trouvaient le projet trop dangereux. Alors, souvent, Jean et Sophie se disputaient. Et comment ça se terminait ? Sophie allait bouder dans sa chambre. Et papa allait faire un tour.

e) Le soir, à table, j'ai posé des questions sur le tableau préféré de maman. Au début, papa a fait comme s'il n'entendait pas. Puis il a toussé. Enfin, comme d'habitude, il y a eu un grand silence. Sophie a demandé à Jean : « Pourquoi tu ne réponds pas aux questions de ton fils ? »

2. Répondez aux questions suivantes :
a) Que pense Alex de Sophie ?
b) Laure imagine qui sont les personnes sur le tableau. A votre avis, a-t-elle raison ? Pourquoi (pas) ?

Chapitre 6

1. Vrai ou faux ? Cochez la bonne réponse et corrigez les phrases fausses.

	Vrai	Faux
a) Le meilleur copain d'Alex s'appelle Guillaume.	✓	
b) Quand Sophie est partie, elle a dit au revoir à Alex.		
c) Pour savoir qui il est, Alex pose quatre questions à son père.		✓
d) Laure est partie parce qu'Alex dit tout le temps « Euh » et « Ben ».	✓	
e) Le bulletin d'Alex est très bon.		✓
f) Jean a pleuré quand Sophie est partie.		✓
g) Guillaume a invité Alex en Bretagne.	✓	
h) Alex a dit à Guillaume : « Merci pour ton invitation. Mon père est d'accord. »	✓	
i) Alex laisse Thémis et Lola à Paris.		✓
j) Les parents de Guillaume ont l'air très sympa.	✓	

2. Répondez aux questions suivantes :
a) Est-ce qu'Alex va appeler Laure ? Pourquoi (pas) ?
b) Est-ce que Sophie reviendra ? Pourquoi (pas) ?
c) Est-ce que le « Journal des Sports » va marcher ? Pourquoi (pas) ?

Chapitre 7

1. Décrivez le dessin de la page 32. A deux, imaginez un dialogue à partir de cette situation.

2. Répondez aux questions suivantes :
a) Pourquoi est-ce qu'Alex est parti de chez lui ?
b) Alex passe des « vacances » en Normandie. Il est parti sans le dire à son père. A-t-il eu raison ? Donnez votre avis.
c) Que fait le père d'Alex à Paris ?
d) Le dimanche, le père se rend compte que son fils n'est plus à la maison. Que fait-il ?
e) Alex regarde tout le temps son portable. Pourquoi ? Que pensent les parents de Guillaume ?
f) Que découvrent Alex et Guillaume dans le grenier de la maison normande ?
g) Alex ne veut plus mentir. Qu'est-ce qu'il fait ?
h) Comment réagissent les parents de Guillaume lorsqu'ils apprennent le mensonge d'Alex ? Et Guillaume ?
i) Que fait le père d'Alex quand il apprend que son fils est en Normandie ?

Chapitre 8

1. Complétez les phrases suivantes à l'aide des mots du chapitre 8.

a) « C'est triste, mais je ne connais même pas ton ________________. Ah ! Guillaume ! Salut Guillaume ! Tu es bien sympa de t'occuper de mon ____________. »

b) Pendant que mon père parlait pour ne rien dire, disaient ses blablabla de ________________, Thémis et Lola lui faisaient la ________________________________.

c) Les Liget sont partis. Mon père et moi, nous écoutions le vent dans les ________________, les hennissements des ____________________, et les jeux de mes chiennes.

d) « Alex, a dit mon père, j'ai trop __attendu__ pour te parler. Peut-être parce que ce n'est pas facile. Peut-être parce que j'ai peur et que je suis __lache__.

e) « Sur le tableau préféré de ta maman, il y a une dame avec un grand __________ : c'est ta mère. La petite fille, c'est ta sœur. Le _____________ qui a réalisé ce tableau, est ton vrai père, le premier mari de maman. »

f) « Un jour, ton père a pris la voiture pour _____________ ta sœur chez le docteur. Vous viviez dans le Sud de la France, dans un petit village, tout en haut, sur la montagne. Les routes, là-bas, sont très _____________. Ils ont eu un problème de freins. »